Impressum
Verlag: BABADADA GmbH, Nedderfeld 112 , 22529 Hamburg
Geschäftsführer / Verlagsleitung: Harald Hof
Druck: Books on Demand GmbH, In de Tarpen 42, 22848 Norderstedt

Imprint
Publisher: BABADADA GmbH, Nedderfeld 112 , 22529 Hamburg, Germany
Managing Director / Publishing direction: Harald Hof
Print: Books on Demand GmbH, In de Tarpen 42, 22848 Norderstedt, Germany

escola

ትምህርት ቤት

dividir
ማካፈል
186/2
quadro
ሰሌዳ
sala de aulas
መማሪያ ክፍል
pátio da escola
professor
መምህር
papel
ወረቀት
escrever
መፃፍ
caneta
escrivaninha
መፃፊያ ጠረጴዛ
régua
ማስመሪያ
livro
መጽሐፍ
aluno
ተማሪ

sacola

የጀርባ ቦርሳ

estojo de lápis

የእርሳስ መያዣ

lápis

እርሳስ

apontador de lápis

የእርሳስ መቅረጫ

borracha

ላጲስ

bloco de desenho

የስዕል ደብተር

desenho

ስዕል

pincel

የቀለም ብሩሽ

estojo de tintas

የቀለም ሳጥን

tesoura

መቀስ

cola

ማጣበቂያ

livro de exercícios

መልመጃ ደብተር

lição de casa

የቤት ስራ

número

ቁጥር

somar

መደመር

subtrair

መቀነስ

multiplicar

ማባዛት

calcular

ቁጥሮችን ማስላት

letra

ደብዳቤ

alfabeto

ፊደላት

palavra

ቃል

texto

ፅሑፍ

ler

ማንበብ

giz

ጠመኔ

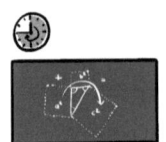

hora

ትምህርት

registro da classe

ምዝገባ

exame

ፈተና

certificado

ሰርተፊኬት

uniforme escolar

የትምህርት ቤት የደንብ ልብስ

educação

ትምህርት

enciclopédia

አወ ደ ጥበብ

universidade

ዩኒቨርስቲ

microscópio

የምርምር አጉሊ መሳርያ

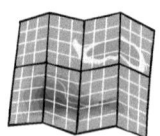

mapa

ካርታ

cesto de lixo

የቆሻሻ ወረቀት መጣያ ቅርጫት

hotel
ሆቴል
albergue
ማረፊያ ቤት
casa de câmbio
የዉጭ ገንዘብ ምንዛሪ ቢሮ
mala
ልብስ መያዣ ሻንጣ
carro
መኪና

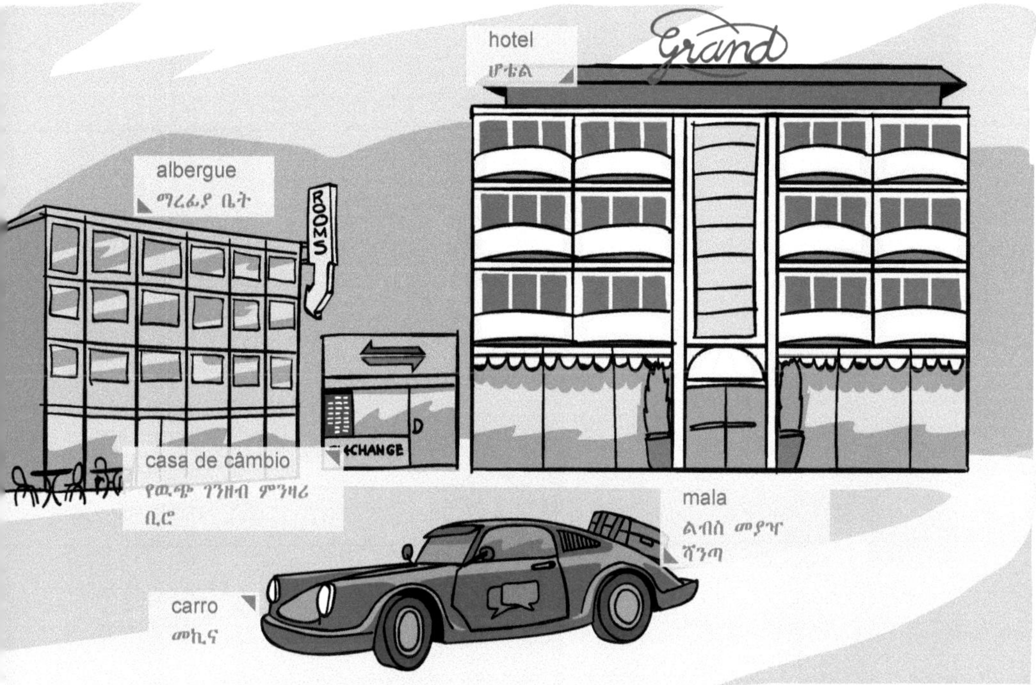

idioma

ቋንቋ

sim / não

አዎ/ አይደለም

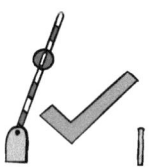

ok

እሺ

Olá

ሰላም

tradutor

አስተርጓሚ

obrigado

አመሰግናለሁ

quanto custa...?

ስንት ነዉ......?

eu não entendo

አልገባኝም

problema

እክል

boa noite!

እንደምን አመሹ!

Bom dia!

እንደምን አደሩ!

Boa noite!

መልካም ምሽት!

até logo

ደህና ይሰንብቱ

direção

አቅጣጫ

bagagem

ሻንጣ

bolsa

ቦርሳ

mochila

የጀርባ ቦርሳ

convidado

እንግዳ

quarto

ክፍል

saco de dormir

የመተኛ ቦርሳ

barraca

ድንኳን

informação turística

....

የጎብኚዎች መረጃ

praia

....

የባህር ዳርቻ

cartão de crédito

....

ክሬዲት ካርድ

café da manhã

....

ቁርስ

almoço

....

ምሳ

jantar

....

እራት

bilhete

....

ቲኬት

elevador

....

አሳንሰር

selo

....

ማህተም

fronteira

....

ድንበር

alfândega

....

ባህሎች

embaixada

....

ኤምባሲ

visto

....

ቪዛ/የይለፍ ወረቀት

passaporte

....

ፓስፖርት

transporte

መጓጓዣ

avião
አዉሮፕላን
navio
መርከብ
carro de bombeiros
የእሳት አደጋ መኪና
caminhão
የጭነት መኪና
ônibus
አዉቶብስ
barco a motor
የሞተር ጀልባ
bicicleta
ብስክሌት
carro
መኪና

balsa

የማመላለሻ ጀልባ

barco

ጀልባ

motocicleta

የሞተር ብስክሌት

veículo policial

የፖሊስ መኪና

carro de corrida

የዉድድር መኪና

carro de aluguel

የኪራይ መኪና

compartilhamento de automóvel

የመኪና መጋራት

caminhão de reboque

ጎታች መኪና

caminhão de lixo

የቆሻሻ ጭነት መኪና

motor

ሞተር

combustível

ነዳጅ

posto de gasolina

የቤንዚን ማደያ

placa de trânsito

የመንገድ ምልክት

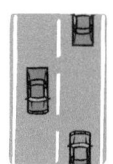

trânsito

የመኪኖች እንቅስቃሴ

trânsito lento

የመኪና መጨናነቅ

estacionamento

የመኪና ማቆሚያ

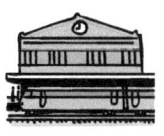

estação de trem

የባቡር ጣቢያ

trilhos

የባቡር ሀዲዶች

trem

ባቡር

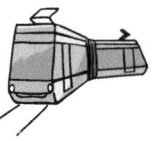

bonde

የኤሌክትሪክ ባቡር

vagão

ሰረገላ

helicóptero

ሄሊኮፕተር

aeroporto

አየር ማረፊያ

torre

ማማ

passageiro

መንገደኛ

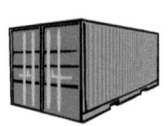

contêiner

ማስቀመጫ፤ ማጠራቀሚያ

cartolina

ካርቶን እቃ ማሸጊያ

carroça

ጋሪ፤ ተሳቢ

cesto

ቅርጫት

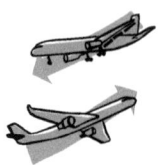

decolar / pousar

መነሳት/ ማረፍ

cidade

ከተማ

vilarejo

መንደር

centro da cidade

የከተማ ማዕከል

casa

ቤት

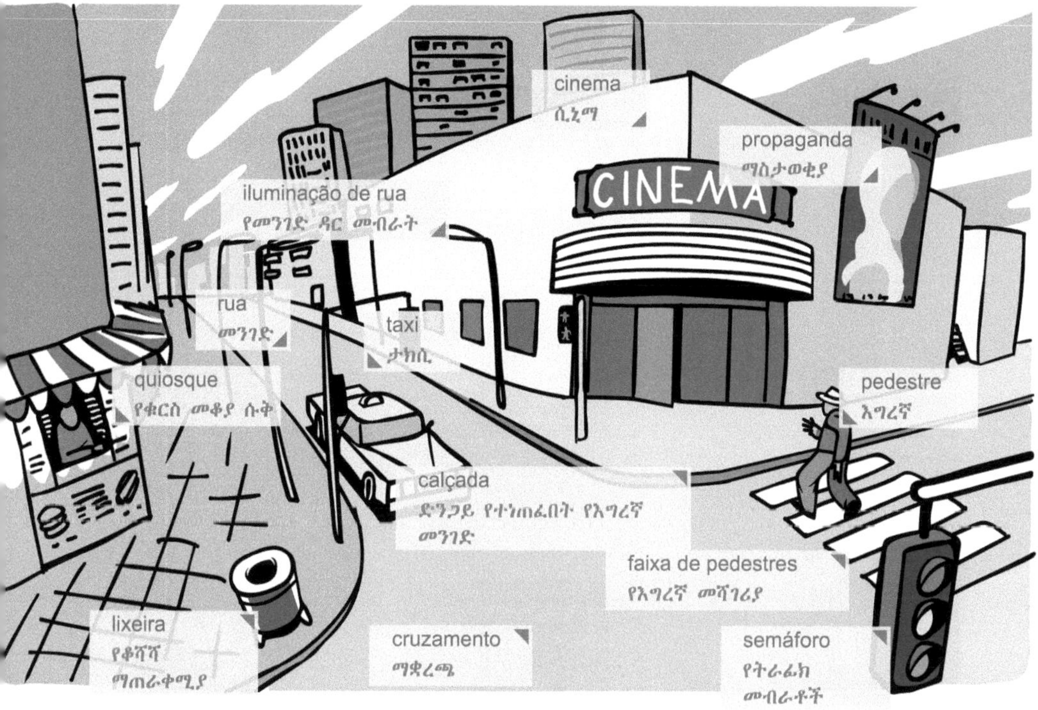

cinema
ሲኒማ
CINEMA
propaganda
ማስታወቂያ
iluminação de rua
የመንገድ ዳር መብራት
rua
መንገድ
taxi
ታክሲ
quiosque
የቁርስ መቆያ ሱቅ
pedestre
እግረኛ
calçada
ድንጋይ የተነጠፈበት የእግረኛ መንገድ
faixa de pedestres
የእግረኛ መሻገሪያ
lixeira
የቆሻሻ ማጠራቀሚያ
cruzamento
ማቋረጫ
semáforo
የትራፊክ መብራቶች

cabana

ጎጆ

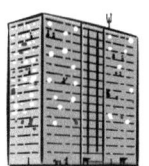

apartamento

አፓርታማ

estação de trem

የባቡር ጣቢያ

prefeitura

የከተማ አዳራሽ

museu

ቤተ መዘክር

escola

ትምህርት ቤት

universidade

ዩኒቨርስቲ

banco

ባንክ

hospital

ሆስፒታል

hotel

ሆቴል

farmácia

መድሐኒት ቤት

escritório

ቢሮ

livraria

መፅሐፍ መሸጫ

loja

ሱቅ

floricultura

የአበባ መሸጫ

supermercado

የሸቀጣ ሸቀጥ መደብር

mercado

ገበያ ስፍራ

loja de departamentos

መደብር

peixaria

የዓሳ ነጋዴ

centro comercial

የገበያ ማዕከል

porto

ወደብ

parque

መናፈሻ ቦታ

banco

አግዳሚ ወንበር

ponte

ድልድይ

escadas

ደረጃዎች

metrô

ዉስጥ ለዉስጥ

túnel

ዋሻ

ponto de ônibus

የአዉቶቡስ ፌርማታ

bar

ባር

restaurante

ምግብ ቤት

caixa de correspondência

የፖስታ ሳጥን

placa de rua

የመንገድ ምልክት

parquímetro

የመኪና ማቆሚያ ሒሳብ የሚያሰላ ማሽን

zoológico

የደር እንስሳት ማቆያ

piscina

የመዋኛ ገንዳ

mesquita

መስጊድ

fazenda

እርሻ

poluição

የሚበክል ነገር

cemitério

መቃብር ስፍራ

igreja

ቤተ ክርስቲያን

parquinho

መጫወቻ ሜዳ

templo

ቤተ መቅደስ

paisagem

መልከዓምድር

folha
ቅጠል
placa de sinalização
የመንገድ ላይ ምልክት
caminho
መንገድ
gramado
አረንጓዴ መስክ
pedra
ድንጋይ
caminhantes
በእግሩ የሚጓዝ
árvore
ዛፍ
rio
ወንዝ
grama
ሳር
flor
አበባ

vale

ሸለቆ

montanha

ኮረብታ

lago

ሀይቅ

floresta

ጫካ

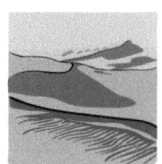

deserto

በረሃ

vulcão

እሳተ ገሞራ

castelo

ግምብ

arco-íris

ቀስተ ዳመና

cogumelo

እንጉዳይ

palmeira

የቴምብር ዛፍ/ ዘንባባ

mosquito

ቢንቢ/ የወባ ትንኝ

mosca

በራሪ

formiga

ጉንዳን

abelha

ንብ

aranha

ሸረሪት

besouro

ጢንዚዛ

sapo

እንቁራሪት

esquilo

ሽኮኮ

ouriço

ጃርት

lebre

ጥንቸል

coruja

ጉጉት ወፍ

pássaro

ወፍ

cisne

የዉሃ ዳክዬ

javali

ከርከሮ

veado

አጋዘን

alce

አጋዘን

barragem

ግድብ

aerogerador

በነፋስ የሚሽከረከር

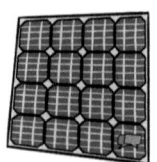

painel solar

የፀሀይ ፓኔሎ

clima

አየር ንብረት

garçom
አስተናጋጅ

menu
ማዉጫ

cadeira
ወንበር

sopa
ሾርባ

pizza
ፒዛ

talheres
መክተፊያ

toalha de mesa
የጠረጴዛ ጨርቅ

entrada

የምግብ ፍላጎትን የሚከፍት ምግብ

prato principal

ዋና ምግብ

sobremesa

ማጣጣሚያ ተከታይ ምግብ

bebidas

መጠጦች

comida

ምግብ

garrafa

ጠርሙስ

fastfood

ፈጣን ምግብ

comida de rua

የመንገድ ምግብ

bule de chá

የሻይ ማንቆርቆሪያ

açucareiro

የስኳር እቃ

porção

ድርሻ

máquina de expresso

የቡና ማፊያ ማሽን

cadeirão

ባለጌ ወንበር

conta

የክፍያ ደረሰኝ

bandeja

ትሪ

faca

ቢላዋ

garfo

ሹካ

colher

ማንኪያ

colher de chá

የሻይ ማንኪያ

guardanapo

ልብስ ምግብ እንዳይነካ የሚረዳ ጨርቅ

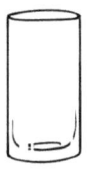

copo

ብርጭቆ

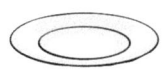

prato

ዝርግ ሰሀን

prato de sopa

የሾርባ ጎድጓዳ ሰሀን

pires

የስኒ ማስቀመጫ

molho

ማጣፈጫ ስጎ

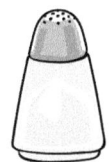

saleiro

የጨዉ እቃ

moedor de pimenta

የተፈጨ ቃሪያ

vinagre

ኮምጣጤ

óleo

የምግብ ዘይት

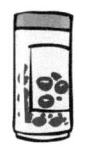

especiarias

ቀመማ ቅመሞች

ketchup

የቲማቲም ድልህ

mostarda

ሰናፍጭ

maionese

ማዮኒዝ

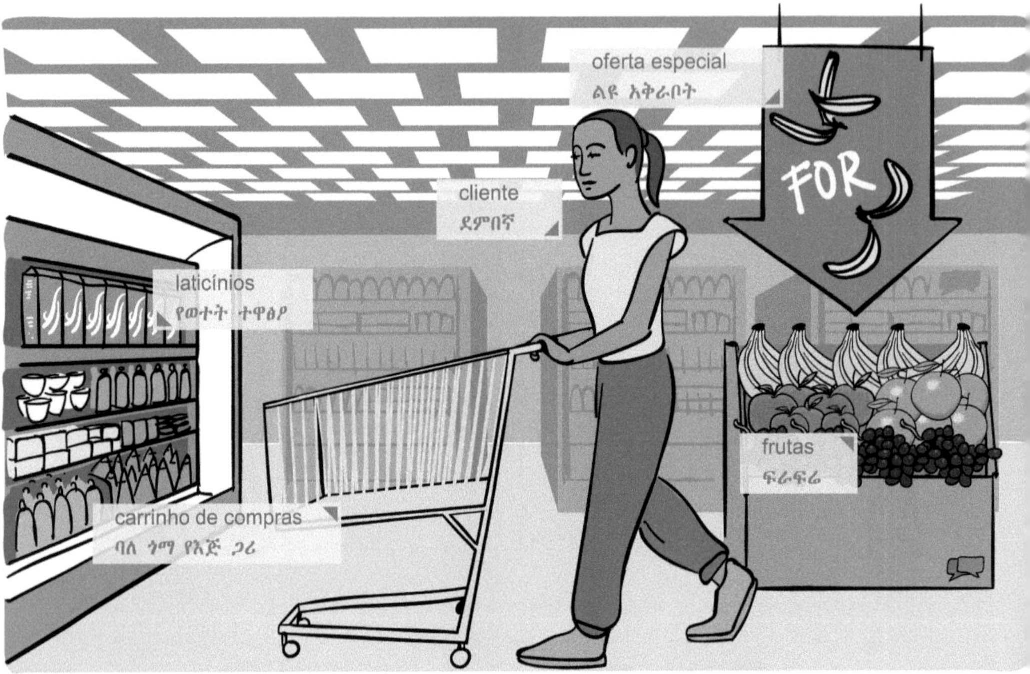

oferta especial
ልዩ አቅራቦት
FOR
cliente
ደምበኛ
laticínios
የወተት ተዋፅዖ
frutas
ፍራፍሬ
carrinho de compras
ባለ ጎማ የእጅ ጋሪ

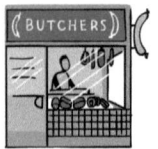

BUTCHERS

açougue

ሉካንዳ ነጋዴ

BAKERY

padaria

መጋገሪያ

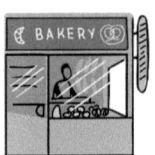

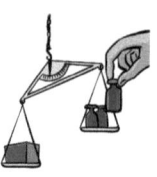

pesar

ክብደት መመዘን

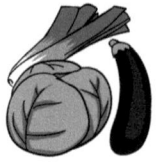

legumes

ቅጠላ ቅጠል አትክልት

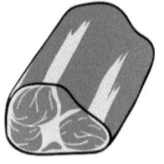

carne

ስጋ

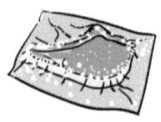

congelados

የቀዘቀዘ/የረጋ ምግብ

charcutaria

....

ቀዝቃዛ ቁራጭ

conservas

....

የታሸገ ምግብ

detergente em pó

....

የማጠቢያ ዱቄት

doces

....

ጣፋጮች

artigos domésticos

....

የ ት ዉስጥ ዉጤቶች

produtos de limpeza

....

የፅዳት ምርቶች

vendedora

....

የሽያጭ ባለሙያ

caixa

....

የገንዘብ መመዝቢያ ማሽን

caixa

....

የሒሳብ ሰራተኛ

lista de compras

....

የግዢ ዝርዝር

horário de funcionamento

....

ክፍት ሰዓታት

carteira

....

የኪስ ቦርሳ

cartão de crédito

....

ክሬዲት ካርድ

sacola

....

ቦርሳ

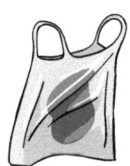

saco plástico

....

የፕላስቲክ ቦርሳ

bebidas

መጠጦች

água

ውሃ

suco

ጭማቂ

leite

ወተት

coca-cola

ኮካ-ኮላ

vinho

ወይን

cerveja

ቢራ

álcool

አልኮል

cacau

ኮካ

chá

ሻይ

café

ቡና

expresso

የተፈላ ቡና

cappuccino

ካፕቺኖ

comida

ምግብ

banana

ሙዝ

maçã

ፖም

laranja

ብርቱካን

melão

ሀብሀብ

limão

ሎሚ

cenoura

ካሮት

alho

ነጭ ሽንኩርት

bambu

ሸምበቆ

cebola

ቀይ ሽንኩርት

cogumelo

እንጉዳይ

nozes

ለዉዝ

macarrão

የህፃናት ምግብ

espaguete

ፓስታ

arroz

ሩዝ

salada

ሰላጣ

batatas fritas

የድንች ጥብስ

batatas frias

ድንች ጥብስ

pizza

ፒዛ

hambúrger

ዳቦ ዉስጥ በስሱ ተጠብሶ የገባ ስጋ

sanduíche

ሳንድዊች

escalope

ጥሬ ስጋ

presunto

የአሳማ ስጋ

salame

በቅመምና በጨዉ የታሸ ምግብ ቀዝቅዞ የሚበላ ሾርባ ምግብ

salsicha

ቋሊማ

galinha

ዶሮ

assado

ጥብስ

peixe

አሳ

flocos de aveia

የአጃ ገንፎ

granola

ከወተት ጋር ተደባልቀዉ የሚበሉ ምግቦች

flocos de milho

የበቆሎ ቅርፊት

farinha

ዱቄት

croissant

ኩራሳ

pãozinho

ድብልብል ዳቦ

pão

ዳቦ

torrada

መጥበስ

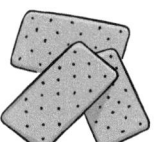

biscoitos

ብስኩት

manteiga

ቅቤ

requeijão

እርጎ

bolo

ኬክ

ovo

እንቁላል

ovo frito

እንቁላል ጥብስ

queijo

አይብ

sorvete

የበረዶ ክሬም

açúcar

ስኳር

mel

ማር

geleia

ማርማላት

creme de avelãs

የተናጠ የወተት ክሬም

curry

ማጣፈጫ

fazenda
እርሻ

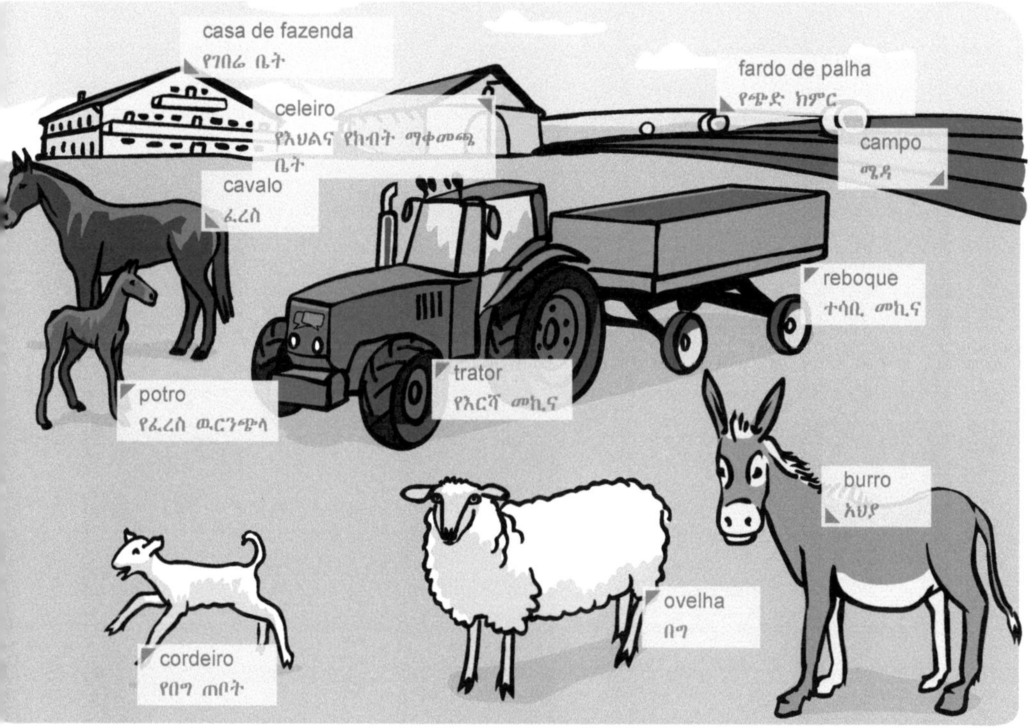
casa de fazenda
የገበሬ ቤት
celeiro
የእህልና የከብት ማቀመጫ ቤት
fardo de palha
የጭድ ክምር
campo
ሜዳ
cavalo
ፈረስ
reboque
ተሳቢ መኪና
trator
የእርሻ መኪና
potro
የፈረስ ዉርንጭላ
burro
አህያ
ovelha
በግ
cordeiro
የበግ ጠቦት

cabra
ፍየል

vaca
ላም

bezerro
ጥጃ

porco
አሳማ

leitão
ግልገል አሳማ

touro
ኮርማ

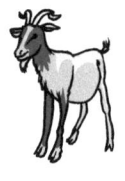

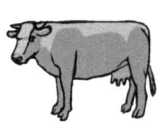

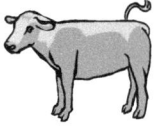

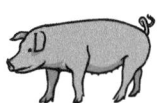

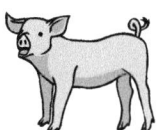

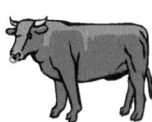

ganso

ዝይ

pato

ዳክዬ

pintinho

የዶሮ ጫጩት

galinha

ዶር

galo

አዉራ ዶሮ

ratazana

አይጥ

gato

ደድመት

camundongo

አይጥ

boi

በሬ

cachorro

ዉሻ

casinha do cachorro

የዉሻ ቤት

mangueira de jardim

የአትክልት ቦታ

regador

ዉሃ ማጠጫ ባልዲ

foice

ረጅም ማጭድ

arado

ማረሻ

foice

ማጭድ

enxada

መኮትኮቻ

forquilha

የእህል መንሽ

machado

መጥረቢያ

carrinho de mão

ኩርኩር/ የእጅ ጋሪ

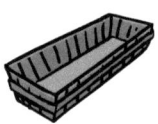

manjedoura

ገንዳ

jarra de leite

የወተት ዕቃ

saco

ጆንያ ከረጢት

cerca

አጥር

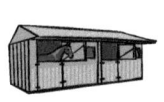

estábulo

የፈረስ ጋጣ

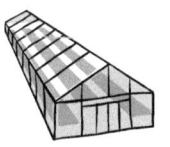

estufa

ዕፅዋት ማሳደጊያ የመስታዉት
ቤት

solo

አፈር

semente

ዘር

fertilizante

የመሬት ማዳበሪያ

colheitadeira

ጥምር ማረሻ

colher

አዝመራ መሰብሰብ

colheita

አዝመራ

inhame

ድንች

trigo

ስንዴ

soja

ሶያ

batata

ድንች

milho

በቆሎ

colza

የከብት መኖ

árvore frutífera

የፍሬ ዛፍ

mandioca

የካሳቫ ዛፍ

cereais

እህል

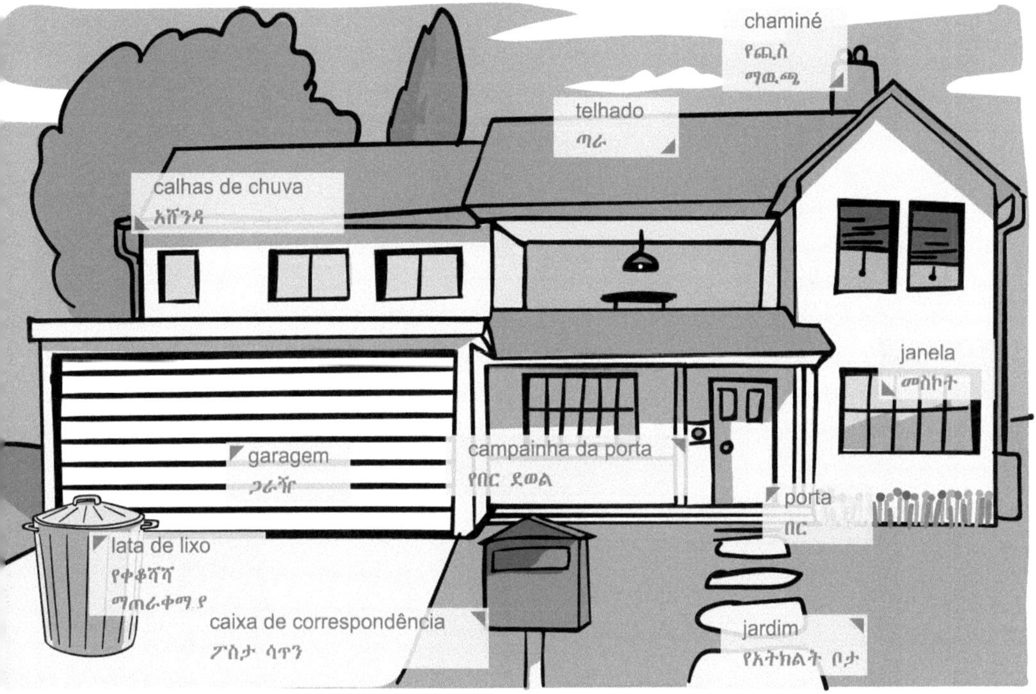

chaminé
የጪስ ማዉጫ

telhado
ጣራ

calhas de chuva
አሸንዳ

janela
መስኮት

garagem
ጋራዥ

campainha da porta
የበር ደወል

porta
በር

lata de lixo
የቀቆሻሻ ማጠራቀሚያ

caixa de correspondência
ፖስታ ሳጥን

jardim
የአትክልት ቦታ

sala de estar

ሳሎን

banheiro

መታጠቢያ ቤት

cozinha

ማድቤት

quarto de dormir

መኝታ ቤት

quarto de criança

የልጅ ክፍል

sala de jantar

መመገቢያ ክፍል

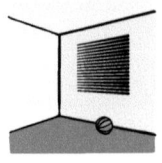

chão

ወለል

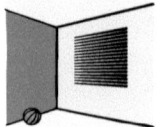

parede

ግድግዳ

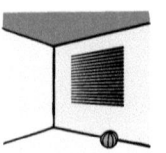

teto

ጣሪያ

porão

ምድር ቤት

sauna

በእንፋሎት ሙቀት መታጠቢያ
ቤት

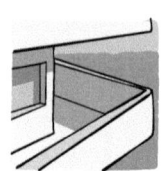

varanda

ሰገነት

terraço

ከፍ ያለ መደብ

piscina

የመዋኛ ገንዳ

cortador de grama

የማጨጃ መኪና

lençol

አንሶላ

coberta

የአልጋ ልብስ

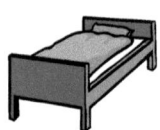

cama

አልጋ

vassoura

መጥረጊያ

balde

ባልዲ

interruptor

ማብሪያና ማጥፊያ

sala de estar

ሳሎን

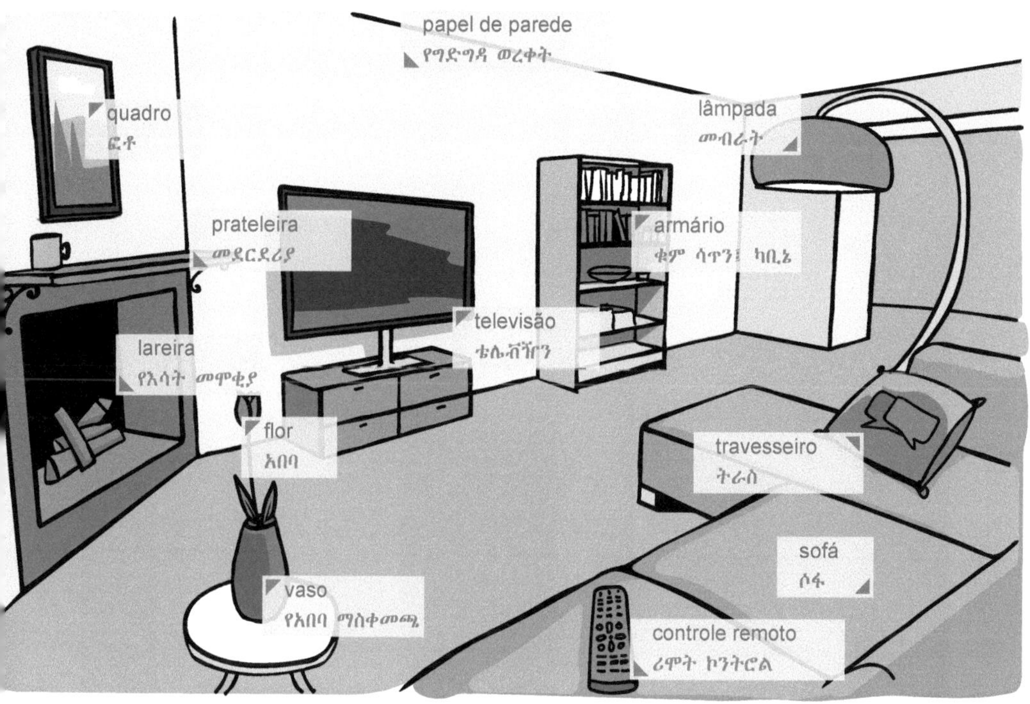

papel de parede
የግድግዳ ወረቀት
quadro
ፎቶ
lâmpada
መብራት
prateleira
መደርደሪያ
armário
ቁም ሳጥን፣ ካቢኔ
televisão
ቴሌቭዥን
lareira
የእሳት መሞቂያ
flor
አበባ
travesseiro
ትራስ
sofá
ሶፋ
vaso
የአበባ ማስቀመጫ
controle remoto
ሪሞት ኮንትሮል

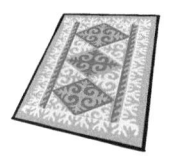

tapete
ንጣፍ

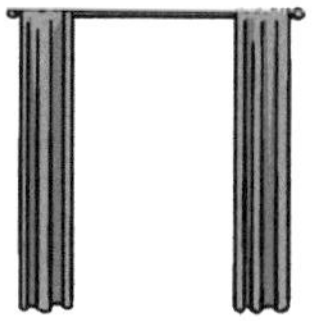

cortina
መጋረጃ

mesa
ጠረጴዛ

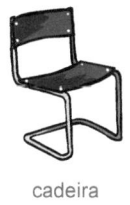

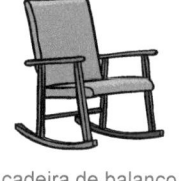

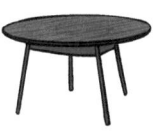

cadeira
ወንበር

cadeira de balanço
ተወዛዋዥ ወንበር

poltrona
ባለመደገፊያ ወንበር

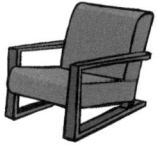

livro

መጽሐፍ

cobertor

ብርድ ልብስ

decoração

ጌጥ

lenha

ማገዶ

filme

ፊልም

equipamento de som

የሙዚቃ መማጫወቻ

chave

ቁልፍ

jornal

ጋዜጣ

pintura

ስዕል

pôster

የተለጠፈ ማስታወቂያ እንደ ስዕል

rádio

ራዲዮ

bloco de notas

ማስታወሻ ደብተር

aspirador

የአየር ማፅጃ ለምንጣፍ

cacto

ቁልቋል

vela

ሻማ

cozinha

geladeira
ማቀዝቀዣ
microondas
ማይክሮዌቭ ምግብ ማብሰያ
balança de cozinha
የኩሽና መመዘኛ ሚዛን
tostadeira
ዳቦ መጥበሻ
detergente
ንፁህ ማድረጊያ
forno
ምድጃ
freezer
ማቀዝቀዣ
lata de lixo
የቆሻሻ ማጠራቀሚያ
lava-louças
እቃ ማጠቢያ

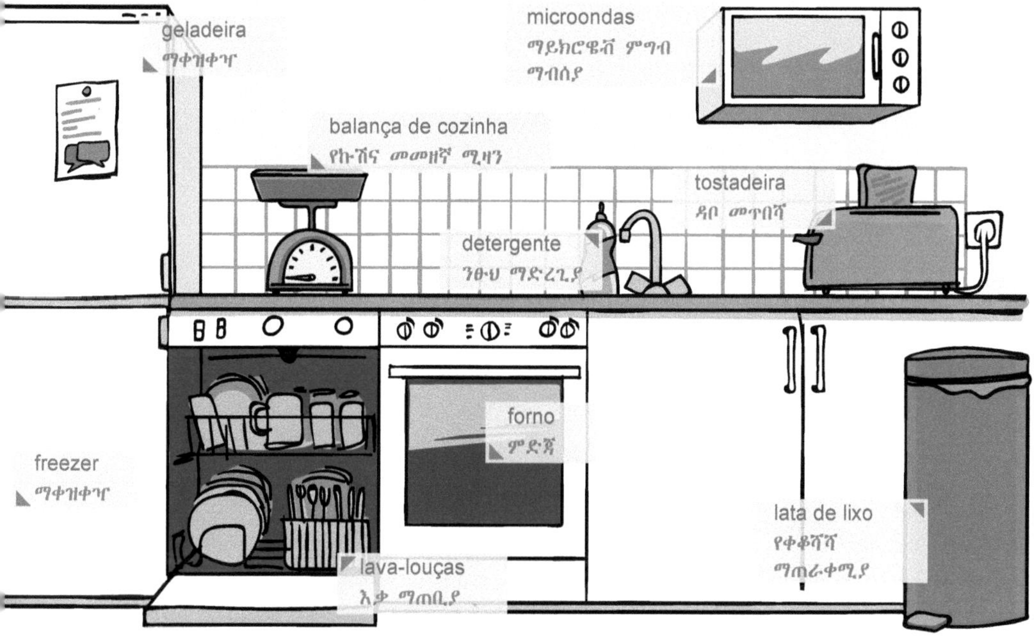

fogão

ምግብ አብሳይ

panela

ማሰሮ

panela de ferro

የብረት ማሰሮ

wok / kadai

ምግብ ማብሰያ ዝርግ ድስት

frigideira

የምግብ መጥበሻ

chaleira

ማንቆርቆሪያ

panela a vapor

የእንፋሎት ማብሰያ

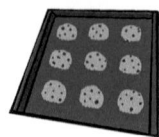

tabuleiro de forno

የመጋገሪያ ትሪ

louça

ሰብስቦች

caneca

ትልቅ ኩባያ

caçarola

ጎድጓዳ ሳህን

hashi

ቾፕስቲክስ

concha de sopa

ጭልፋ

espátula

መሰቅሰቂያ ዝርግ ማንኪያ

batedor

ማደባለቂያ

escorredor

መወጠሪያ

peneira

ወንፊት

ralador

መፈርፈሪያ መሳሪያ

almofariz

ሲሚንቶ

churrasqueira

የፍም ጥብስ

lareira

የተለቀቀ እሳት

tábua de cortar

....

መክተፊያ

rolo da massa

....

ተንሸራታች መርፌ

saca-rolhas

....

የጠርሙስ መክፈቻ

lata

....

ጣሳ

abridor de latas

....

የጣሳ መክፈቻ

pegador de panela

....

የማሰሮ መሸፈኛ

pia

....

ሳህን ማጠቢያ

escova

....

ብሩሽ

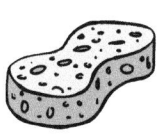

esponja

....

ስፖንጅ

liquidificador

....

መደባለቂያ መሳሪያ

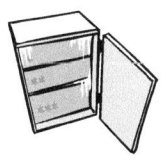

congelador

....

በጣም ማቀዝቀዣ

mamadeira

....

ጡጦ

torneira

....

ቧንቧ

banheiro

መታጠቢያ ቤት

toalha
ፎጣ
መታጠቢያ
cortina de chuveiro
የመታጠቢያ ቤት መጋረጃ
banho de espuma
የአረፋ መታጠቢያ
banheira
የመታጠቢያ ገንዳ
copo
ብርጭቆ
lava-roupa
የልብስ ማጠቢያ
torneira
ቧንቧ
azulejos
ማዕዘን ወለል
penico
pia
ሳህን ማጠቢያ

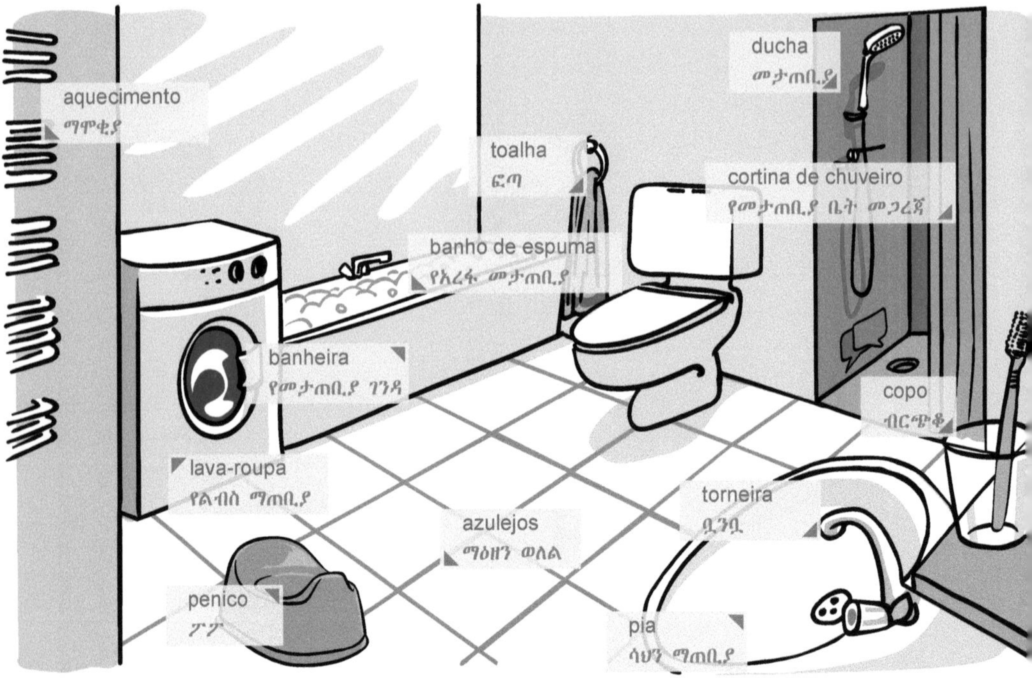

vaso sanitário

ሽንት ቤት

lavabo de agachar

የሽንት ቤት መቀመጫ

bidê

ሳፋ

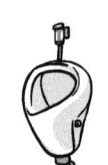

mictório

የመንገድ ዳር መሽኛ

papel higiênico

የሽንት ቤት ወረቀት

escova de privada

የሽንት ቤት ማፅጃ ብሩሽ

38 banheiro - መታጠቢያ ቤት

escova de dentes

የጥርስ ብሩሽ

pasta de dentes

የጥርስ ሳሙና

fio dental

የጥርስ ማፅጃ ክር

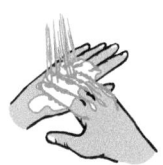

lavar

መታጠብ

ducha de mão

የእጅ መታጠቢያ

ducha íntima

መታጠቢያ

bacia

ጎድጓዳ ሳህን

escova para as costas

የጀርባ ብሩሽ

sabonete

ሳሙና

gel de banho

የመታጠቢያ የሚዝለገለግ ሳሙና

xampu

የፀጉር መታጠቢያ ሳሙና

toalha de rosto

ለስላሳ ጨርቅ

escoamento

ፍሳሽ

creme

ክሬም

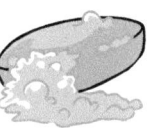

desodorante

ጠረን መቀየሪያ ንጥረ ነገር

espelho

መስታወት

espelho de mão

የእጅ መስታወት

barbeador

ምላጭ

espuma de barbear

የመላጫ አረፋ

loção pós-barba

ከመላጨት በኋላ የሚቀባ ሽቱ

pente

ማበጠሪያ

escova

ብሩሽ

secador de cabelo

የፀጉር ማድረቂያ

spray de cabelo

በፀጉር ላይ የሚነፋ

maquiagem

የፊት መቀባቢያ

batom

የከንፈር ቀለም

esmalte de unhas

የጥፍር ቀለም

algodão

የጥጥ ሰፍ

tesoura para unhas

ጥፍር መቁረጫ

perfume

ሽቶ

nécessaire

....

ማጠቢያ ባልዲ

banquinho

....

መቀመጫ

balança

....

ሚዛን

roupão de banho

....

የመታጠቢያ ልብስ

luvas de borracha

....

የላስቲክ ጓንት

absorvente interno

....

ሞዴስ

absorvente íntimo

....

የፅዳት ፎጣ

banheiro químico

....

የሽንት ቤት ኬሚካል

quarto de criança
የልጅ ክፍል

despertador
የማንቂያ ደወል ሰዐት
boneco de pelúcia
የህፃን አሻንጉሊት
carrinho de brinquedo
የመጫወቻ መኪና
chacoalho
ማንገጫገጫ
መጫወቻ
casa de bonecas
የአሻንጉሊት ቤት
presente
ስጦታ

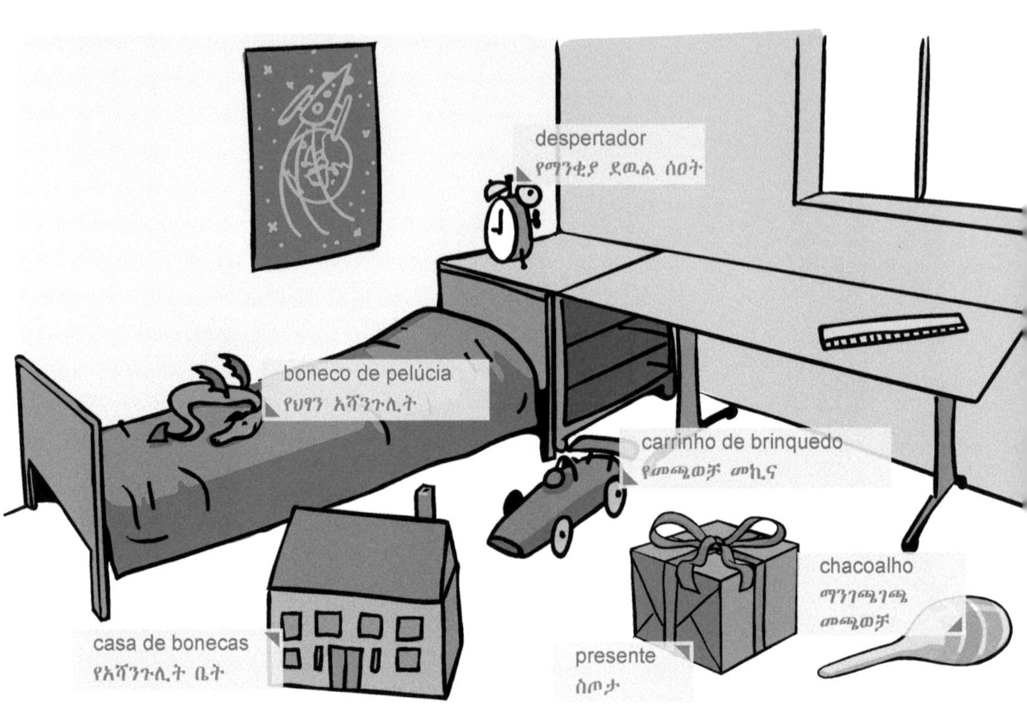

balão

ፊኛ

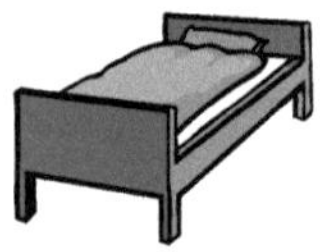

cama

አልጋ

carrinho de bebê

የህፃን ማንሸራሸሪያ ጋሪ

jogo de cartas

የካርታ መጫወቻ

quebra-cabeças

ቁርጥራጭ ምስሎችን የማገጣጠም
እና ምስል የማግኘት ጨዋታ

revista de quadrinhos

አዝናኝ

peças de Lego

ተገጣጣሚ መጫወቻ

blocos de construção

የመጫወቻ መገጣጠሚያዎች

figura de ação

የድርጊት ምስል

macaquinho de bebê

የህፃን እድገት

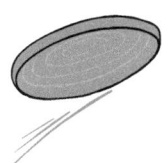

frisbee

የፕላስቲክ መጫወቻ ዝርግ ሰሀን

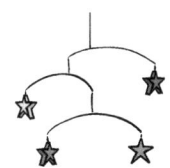

móbile para bebé

ተወዛዋዥ የህፃን ማጫወቻ

jogo de tabuleiro

የሰሌዳ ጨዋታ

dados

የመጫወቻ ጠጠር

trenzinho elétrico

የመጫወቻ ባቡር

chupeta

የእንጀራ እናት ጡጦ

festa

ድግስ

livro ilustrado

የስዕል መፅሀፍ

bola

ኳስ

boneca

አሻንጉሊት

brincar

መጫወት

caixa de areia
....
የአሸዋ መጫወቻ

balanço
....
ዥዋዥዌ

brinquedos
....
መጫወቻዎች

videogame
....
የቪዲዮ መጫወቻ

triciclo
....
ባለ ሶስት ጎማ ብስክሌት

ursinho de pelúcia
....
የአሻንጉሊት ድብ

guarda-roupa
....
ቁምሳጥን

vestuário

አልባሳት

meias
....
ካልሲዎች

meias pelo joelho
....
ስቶኪንጎች

meias-calças
....
ታይት

cachecol
የአንገት ልብስ

cinto
ቀበቶ

guarda-chuva
ጥንጥላ

camiseta
ከናቴራ

botas
ቡቲ

chinelos
የቤት ዉስጥ ነጠላ ጫማ

tênis
ስኒከሮች

sandálias
ነጠላ ጫማዎች

sapatos
ጫማዎች

botas de borracha
የዝናብ ቡትስ

roupa de baixo
ሙታንታ

sutiã
ጡት መያዣ

camiseta de baixo
ሰደርያ

body

ሰዉነት

calças

ሱሪዎች

jeans

ጅንስ

saia

ጉርድ ቀሚስ

blusa

ሸሚዝ

camisa

ሸሚዝ

pulôver

የሚጠለቅ ሹራብ

suéter com capuz

ሹራብ

blazer

ዩኒፎርም ጃኬት

jaqueta

ጃኬት

casaco

ኮት

gabardine

የዝናብ ኮት

traje

ልብስ

vestido

ቀሚስ

vestido de casamento

የሙሽራ ቀሚስ

terno

ሱፍ

camisola

የለሊት ልብስ

pijama

የለሊት ልብስ

sari

ረጅም ቀሚስ

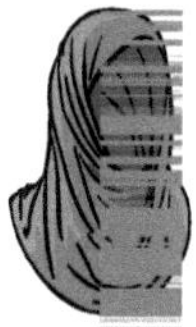

lenço de cabeça

ሂጃብ

turbante

ጥምጣም

burca

ቡርቃ

cafetã

ሽርጥ

abaya

አባያ

maiô

የዋና ልብስ

sunga

አጭር ቁምጣ

shorts

ቁምጣዎች

roupa de treino

የስራ ቱታ

avental

ሽርጥ

luvas

ጓንት

botão

ቁልፍ

óculos

መነፅር

pulseira

አምባር

colar

የአንገት ሀብል

anel

ቀለበት

brinco

የጆሮ ጌጥ

boné

ኮፍያ

cabide

የኮት መስቀያ

chapéu

ኮፍያ

gravata

ከረቫት

zíper

ዚፕ

capacete

የብረት ቆብ

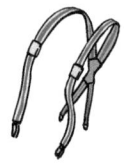

suspensórios

መደገፊያ

uniforme escolar

የትምህርት ቤት የደንብ ልብስ

uniforme

የደንብ ልብስ

babador

መሃረብ

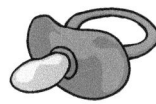

chupeta

የእንጀራ እናት ጡጦ

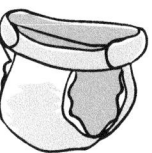

fralda

ሽንት ጨርቅ

escritório

ቢሮ

servidor
ማሰራጫ ጣቢያ
armário de arquivos
የፋይል መደርደሪያ ካቢኔ
impressora
የህትመት መሳሪያ
papel
ወረቀት
monitor
መቆጣጠሪያ
mouse
escrivaninha
መፃፊያ ጠረጴዛ
pasta
ማህደር
teclado
የመፃፊ ቁልፎች
cesto de lixo
የቆሻሻ ወረቀት መጣያ ቅርጫት
computador
ኮምፒዉተር
cadeira
ወንበር

xícara de café

የቡና መጠጫ ትልቅ ኩባያ

calculadora

ማስልያ ማሽን

internet

ኢንተርኔት

escritório - ቢሮ

laptop

ላፕቶፕ

carta

ደብዳቤ

mensagem

መልዕክት

celular

ተንቀሳቃሽ ስልክ

rede

የግንኙነት አዉታር

copiadora

ማባዣ ማሽን

software

ሶፍትዌር

telefone

ስልክ

tomada

የግድግዳ ሶኬት

fax

የፋክስ ማሽን

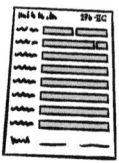

formulário

ቅፅ

documento

ሰነድ

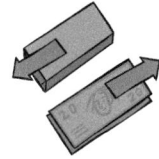

comprar

መግዛት

pagar

መክፈል

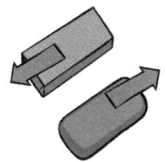

negociar

መነገድ

dinheiro

ገንዘብ

Dólar

ዶላር

Euro

ሮ

Yen

የን

rublo

ብል

franco suíço

የስዊዝ ፍራንክ

renminbi yuan

ንሚንቢ ዋን

rupia

ጲ.

caixa eletrônico

የገንዘብ ነጥብ

casa de câmbio

የዉጭ ገንዘብ ምንዛሪ ቢሮ

ouro

ወርቅ

prata

ብር

petróleo

ዘይት

energia

ሀይል፤ ጉልበት

preço

ዋጋ

contrato

ግንኙነት

imposto

ቀረጥ

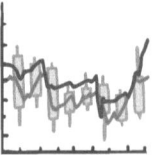

ação

አክስዮን

trabalhar

መስራት

empregado

ተቀጣሪ

empregador

ቀጣሪ

fábrica

ፋብሪካ

loja

ሱቅ

profissões

የስራ ሙያዎች

policial
የፖሊስ አዛዥ
bombeiro
የእሳት አደጋ ሰራተኛ
cozinheiro
ምግብ አብሳይ
médico
ዶክተር
piloto
አብራሪ

jardineiro

....

አትክልተኛ

marceneiro

....

አናጢ

costureira

....

ልብስ ሰፊ ሴት

juiz

....

ዳኛ

químico

....

ቀማሚ

ator

....

ተዋናይ

motorista de ônibus

የአዉቶቢስ ሹፌር

motorista de táxi

የታክሲ ሹፌር

pescador

አሳ አጥማጅ

faxineira

ፅዳት ሰራተኛ

telhador

የጣራ ሰራተኛ

garçom

አስተናጋጅ

caçador

አዳኝ

pintor

ሰዓሊ

padeiro

ጋጋሪ

eletricista

የኤሌትሪክ ሰራተኛ

construtor

ገምቢ

engenheiro

መሃንዲስ

açougueiro

ልኳንዳ

encanador

የቧንቧ ሰራተኛ

carteiro

የፖስታ ሰራተኛ

soldado

ወታደር

arquiteto

መሃንዲስ

caixa

የሒሳብ ሰራተኛ

florista

አበባ ሻጭ

cabelereiro

የፀጉር ሰራተኛ

condutor

ቲኬት ቆራጭ

mecânico

መካኒክ

capitão

ካፒቴን

dentista

የጥርስ ሐኪም

cientista

ተመራማሪ

rabino

መምህር

imam

የሙስሊም ሃይማኖታዊ መሪ

monge

መነኩሴ

pastor

ካህን

ferramentas

ሳሪያዎች

alicate
ተቆላፊ ጉጠት
martelo
መዶሻ
chave de fenda
መፍቻ
lanterna
ባትሪ
chave inglesa
የመሳሪ መፍቻ

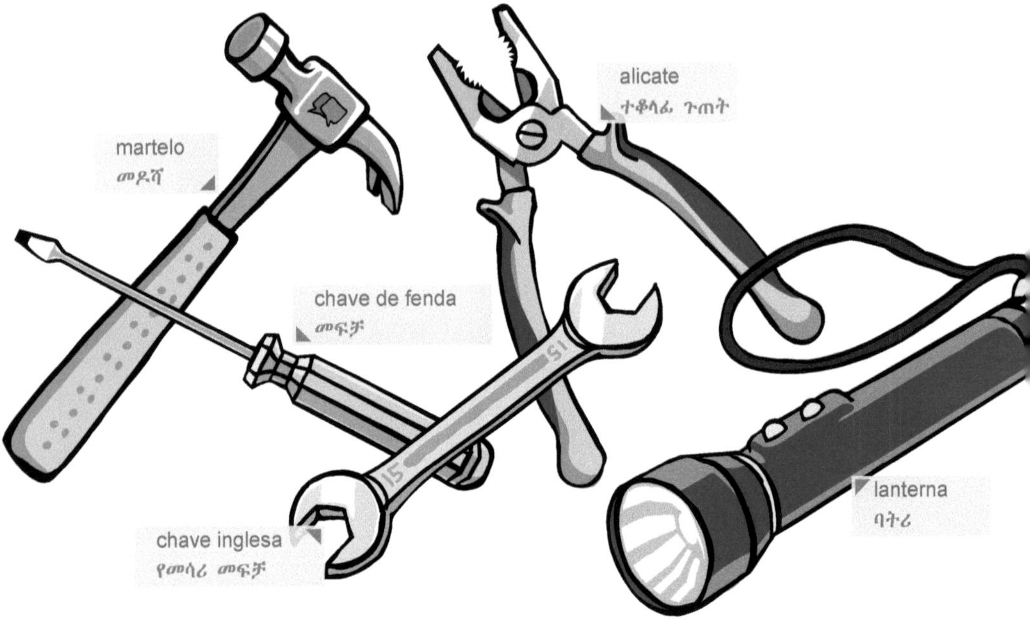

escavadora

በቁፋሮ የሚዝቅ

caixa de ferramentas

የመፍቻ ሳጥን

escada de mão

መሰላል

serra

መጋዝ

pregos

ምስማር

furadeira

መሰርሰሪያ

consertar

መጠገን

pá

አካፋ

Droga!

የተረገመ!

pá de lixo

ቆሻሻ ማፈሻ

pote de tinta

የቀለም ቆርቆሮ

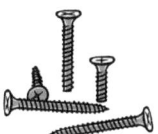

parafusos

ብሎን

instrumentos musicais

የሙዚቃ መሳሪያዎች

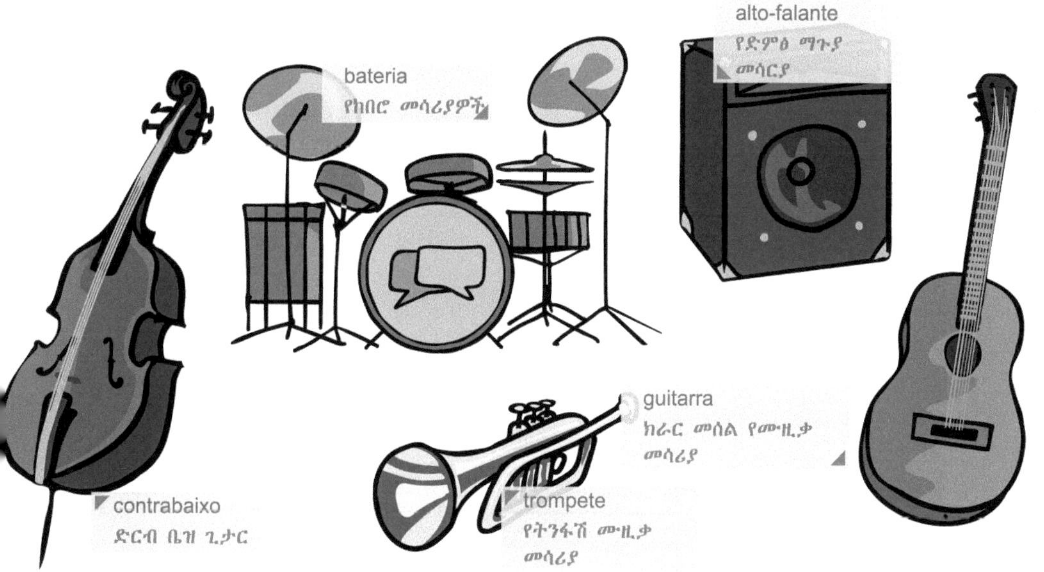

bateria
የከበሮ መሳሪያዎች

alto-falante
የድምፅ ማጉያ
መሳርያ

guitarra
ክራር መሰል የሙዚቃ
መሳሪያ

contrabaixo
ድርብ ቤዝ ጊታር

trompete
የትንፋሽ ሙዚቃ
መሳሪያ

piano

ፒያኖ

violino

ቫዮሊን

baixo

ወፍራም፤ ጎርናና ድምፅ ያለዉ
ክራር መሰል ሙዚቃ መሳሪያ

timbales

ነጋሪት

tambor

ከበሮ

teclado

በኤሌክትሪክ የሚሰራ ፒኖ

saxofone

የትንፋሽ ሙዚቃ መሳሪያ

flauta

ዋሽንት

microfone

የድምፅ ማጉያ

zoológico
የደር እንስሳት ማቆያ

entrada
መግቢያ
tigre
ነብር
gaiola
ሳጥን
zebra
የሜዳ አህያ
ração animal
የእንስሳ ምግብ
panda
ትልቅ ድብ

animais

እንስሳቶች

elefante

ዝሆን

canguru

ካንጋሮ

rinoceronte

አዉራሪስ

gorila

ትልቅ ዝንጀሮ

urso

ድብ

camelo

ግመል

avestruz

ሰጎን

leão

አንበሳ

macaco

ጦጣ

flamingo

ቅልጥመ ረዥም ወፍ

papagaio

በቀቀን

urso polar

የወዋልታ ድብ

pinguim

የዋልታ ወፎች

tubarão

ረጅም ጥርሶች ያሉትአሳ ነባሪ

pavão

ጣዎስ

cobra

እባብ

crocodilo

አዞ

guarda do zoológico

የዱር አራዊት የሚጠበቁበት ማቆያን የሚጠብቅ

foca

አሳ በሊታ የባህር እንስሳ

jaguar

የዱር ድመት

pônei

ድንክ ፈረስ

leopardo

ነብር

hipopótamo

ጉማሬ

girafa

ቀጭኔ

águia

ንስር

javali

ከርከሮ

peixe

አሳ

tartaruga

የባህር ኤሊ

morsa

የባህር አውሬ

raposa

ቀበሮ

gazela

የሜዳ ፍየል፤ ሚዳቋ

esportes

የስፖርት አይነቶች

futebol americano
የአሜሪካ እግርኳስ
ciclismo
የብስክሌት ስፖርት
tênis
ቴኒስ
basquete
የቅርጫት ኳስ
natação
ዋና
hóquei no gelo
የበረዶ ላይ የገና ጨዋታ
boxe
የቡጢ ስፖርት

futebol

እግር ኳስ

badminton

የላባ ኳስ ጨዋታ

atletismo

አትሌቲክስ

handebol

የእጅ ኳስ ስፖርት

esqui

የበረዶ መንሸራተት ስፖርት

polo

ፈረስ ግልቢያ

rir
መሳቅ

pular
መዘለል

abraçar
ማቀፍ

andar
መራመድ

cantar
መዘመር

sonhar
ህልም ማለም

rezar
መፀለይ

beijar
መሳም

escrever

መፃፍ

desenhar

መሳል

mostrar

ማሳየት

empurrar

መግፋት

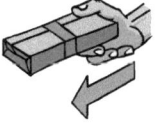

dar

መስጠት

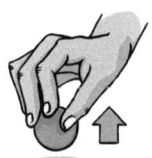

tomar

መዉሰድ

ter

መያዝ

fazer

ማድረግ

ser

መሆን

ficar de pé

መቆም

correr

መሮጥ

puxar

መሳብ

jogar

መወርወር

cair

መዉደቅ

deitar

መዋሸት

esperar

መጠበቅ

carregar

መሸከም

sentar

መቀመጥ

vestir

መልበስ

dormir

መተኛት

despertar

መንቃት

olhar para

መመልከት

chorar

ማለልቀስ

acariciar

መጫር

pentear

ማበጠር

falar

ማዉራት

entender

መረዳት

perguntar

ጥያቄ

ouvir

ማዳመጥ

beber

መጠጣት

comer

መብላት

arrumar

ማንፃት

amar

ማፍቀር

cozinhar

ምግብ ማብሰል

dirigir

መንዳት

voar

መብረር

velejar

መርከብ መንዳት

calcular

ቁጥሮችን ማስላት

ler

ማንበብ

aprender

መማር

trabalhar

መስ ት

casar

ማግባት

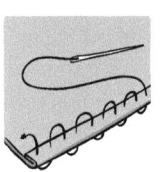

costurar

መስ ት

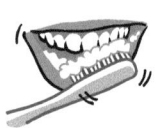

escovar os dentes

ጥርስ መ(ረሽ

matar

መግደል

fumar

ማጨስ

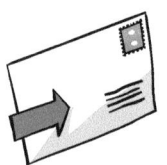

enviar

መላክ

família

ቤተሰብ

avó
የሴት አያት
avô
የወንድ አያት
pai
አባት
mãe
እናት
bebê
ህፃን
filha
ሴት ልጅ
filho
ወንድ ልጅ

convidado

እንግዳ

tia

አክስት

tio

አጎት

irmão

ወንድም

irmã

እህት

corpo

አካል

testa
ግንባር
olho
አይን
ombro
ትከሻ
dedo
ጣት
rosto
ፊት
queixo
አገጭ
mão
እጅ
perna
እግር
peito
ጡት
braço
ክንድ

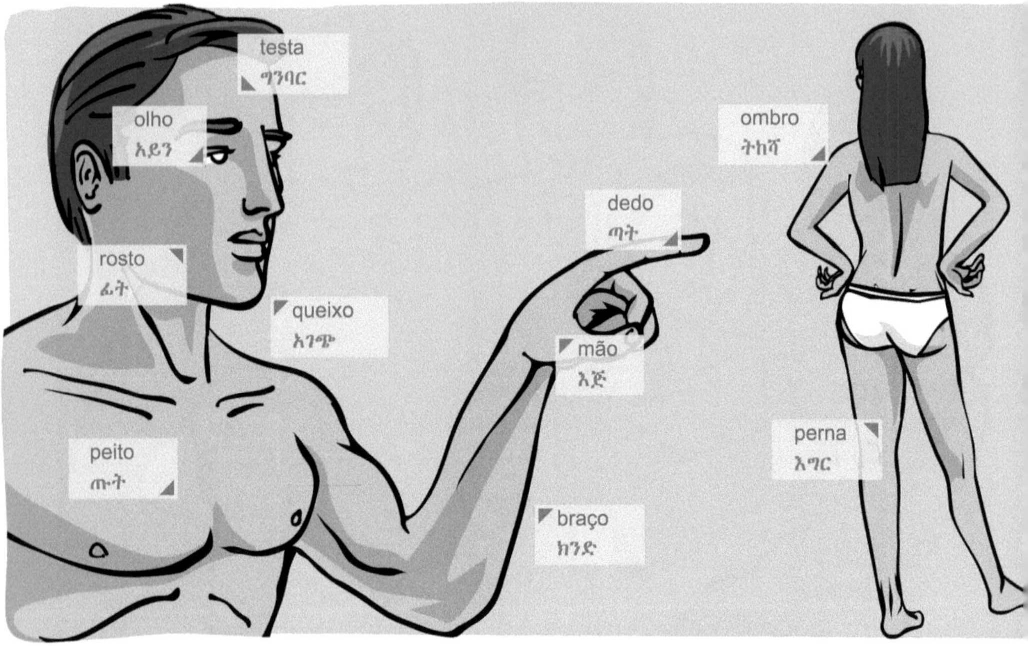

bebê
ህፃን

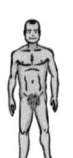

homem
ሰዉ

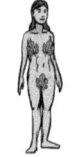

mulher
ሴት

menina
ልጃገረድ

menino
ወንድ ልጅ

cabeça
ራስ

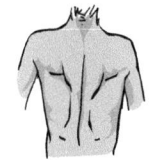

costas

ጀርባ

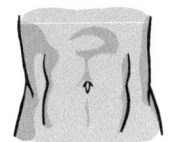

barriga

ሆድ

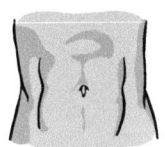

umbigo

እምብርት

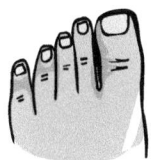

dedo do pé

የእግር ጣት

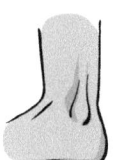

calcanhar

ተረከዝ

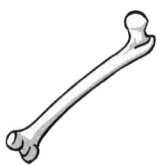

osso

አጥንት

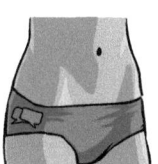

anca

ዳሌ

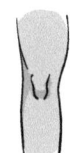

joelho

ጉልበት

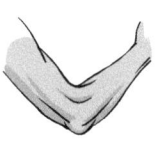

cotovelo

ክርን

nariz

አፍንጫ

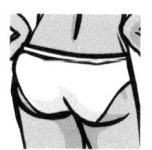

nádegas

ቂጥ

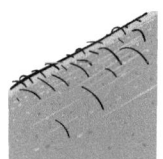

pele

ቆዳ

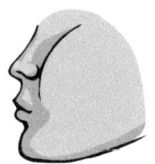

bochecha

ጉንጭ

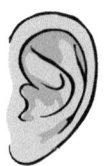

orelha

ጆሮ

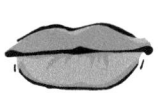

lábio

ከንፈር

boca

አፍ

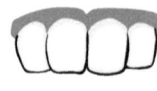

dente

ጥርስ

língua

ምላስ

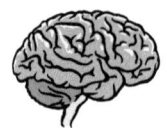

cérebro

አንጎል

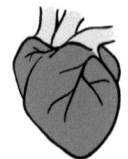

coração

ልብ

músculo

ጡንቻ

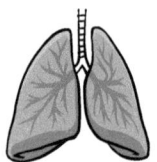

pulmão

ሳምባ

fígado

ጉበት

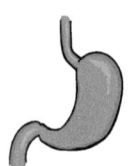

estômago

ሆድ

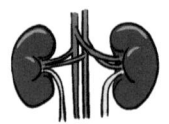

rins

ኩላሊቶች

relações sexuais

የግብረስጋ ግንኙነት

preservativo

ኮንዶም

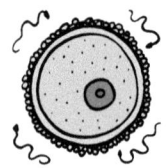

óvulo

የሴት እንቁላል

esperma

የዘር ፈሳሽ

gravidez

እርግዝና

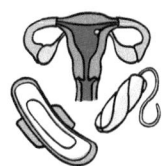

menstruação

የወር አበባ

vagina

እምስ

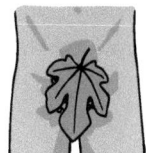

pênis

ቁላ

sobrancelha

ቅንድብ

cabelo

ፀጉር

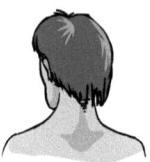

pescoço

አንገት

hospital

ሆስፒታል

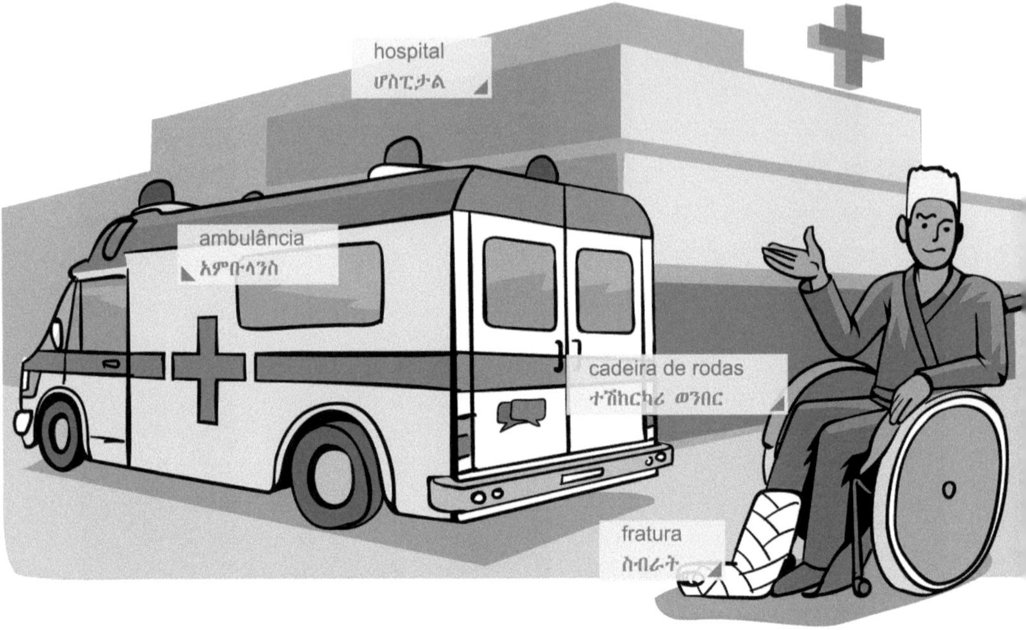

hospital
ሆስፒታል
ambulância
አምቡላንስ
cadeira de rodas
ተሽከርካሪ ወንበር
fratura
ስብራት

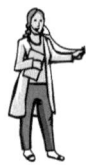

médico
ዶክተር

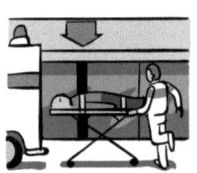

pronto-socorro
ድንገተኛ ክፍል

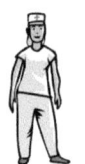

enfermeira
ነርስ

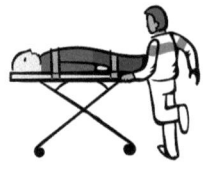

emergência
ድንገተኛ

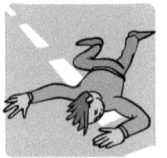

inconsciente
ራስን መሳት/ አለማወቅ

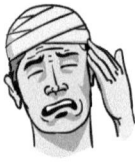

dor
ህመም

ferimento

ጉዳት

hemorragia

መድማት

ataque cardíaco

የልብ ድካም

acidente vacular cerebral

ስትሮክ

alergia

አለርጂ

tosse

ሳል

febre

ትኩሳት

gripe

ኢንፍሉዌንዛ

diarreia

ተቅማጥ

dor de cabeça

የራስ ምታት

câncer

ካንሰር

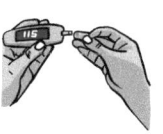

diabetes

የስኳር በሽታ

cirurgião

ቀዶ ጠጋኝ ሐኪም

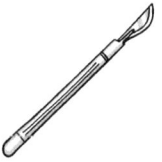

bisturi

የቀዶ ጥገና ስለት

operação

ቀዶ ጥገና

CT

ሲቲ

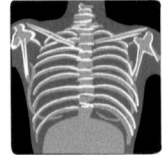

raio x

ኤክስሬዩ

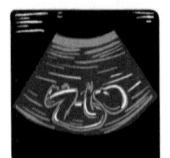

ultrassom

አልትራሳዉንድ

máscara

የፊት ጭምብል

doença

በሽታ

sala de espera

መጠበቂያ ክፍል

muleta

ምርኩዝ

bandeide

የቁስል ማሸጊያ

ligadura

ፋሻ

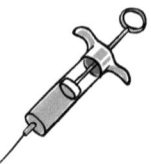

injeção

መርፌ

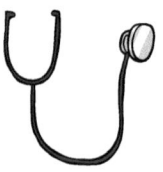

estetoscópio

የልብ ምት ማዳመጫ መሳሪያ

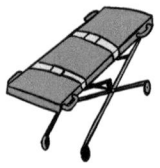

maca

የበሽተኛ አልጋ

termômetro

የህክምና ሙቀት መለኪያ መሳሪያ

nascimento

መውለድ

excesso de peso

ከልክ ያለፈ ክብደት

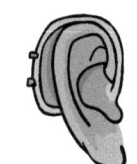

aparelho auditivo

ለመስማት የሚረዳ መሳሪያ

desinfetante

ፀረ ተባይ መድሀኒት

infecção

ማመርቀዝ

vírus

ቫይረስ

HIV / AIDS

ኤች አይቪ. ኤድስ

medicamento

ህክምና

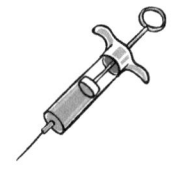

vacinação

ክትባት

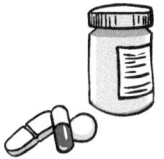

comprimidos

ኪኒን

pílula

ኪኒን

chamada de emergência

አስቸኳይ የስልክ ጥሪ

dispositivo de medição de
pressão arterial

ደም ግፊት መቆጣጠሪያ

doente / saudável

ህመም/ ጤንነት

emergência

ድንገተኛ

Socorro!

እርዳታ!

alarme

ማንቂያ ደወል

assalto

ጥቃት

ataque

ድብደባ

perigo

አደጋ

saída de emergência

የድንገተኛ መዉጫ

Fogo!

እሳት!

extintor de incêndios

እሳት ማጥፊያ

acidente

አደጋ

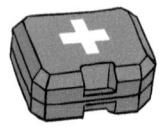

maleta de primeiros socorros

የመጀመሪያ እርዳታ መድሃኒት መያዣ

SOS

ነፍስ አድን

polícia

ፖሊስ

Europa

አዉሮፓ

América do Norte

ሰሜን አሜሪካ

América do Sul

ደቡብ አሜሪካ

África

አፍሪካ

Ásia

እስያ

Austrália

አዉስትራሊያ

Atlântico

አትላንቲክ

Pacífico

ፓስፊክ

Oceano Índico

የህንድ ዉቅያኖስ

Oceano Antártico

አንታርክቲክ ዉቅያኖስ

Oceano Ártico

አርክቲክ ዉቅያኖስ

Polo Norte

ሰሜን ዋልታ

Polo Sul

ደቡብ ዋልታ

Antártica

አንታርክቲካ

Terra

ምድር

terra

መሬት

mar

ባህር

ilha

ደሴት

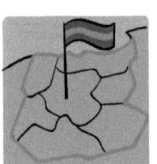

nação

አገርና ህዝብ

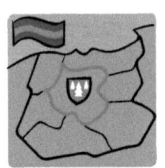

estado

መንግስት

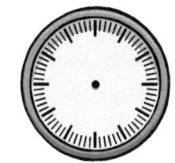

mostrador do relógio

የሰዓት ገፅታ

ponteiro das horas

ሰዓት

ponteiro dos minutos

ደቂቃ

ponteiro dos segundos

ሴኮንድ

Que horas são?

ስንት ሰዓት ነው?

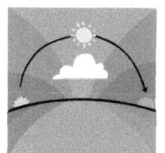

dia

ቀን

tempo

ጊዜ

agora

አሁን

relógio digital

የቁጥር ሰዐት

minuto

ደቂቃ

hora

ሰዓታት

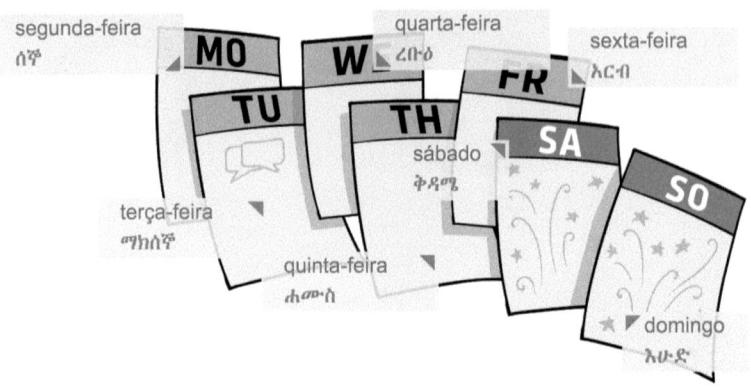

semana

ሳምንት

segunda-feira
ሰኞ
quarta-feira
ረቡዕ
sexta-feira
sábado
ቅዳሜ
SA
terça-feira
ማክሰኞ
quinta-feira
ሐሙስ
domingo
እሁድ

ontem

ትላንት

hoje

ዛሬ

amanhã

ነገ

manhã

ማለዳ

meio-dia

ቀትር

entardecer

ምሽት

dias úteis

የስራ ቀናት

fim de semana

የዕረፍት ቀናት

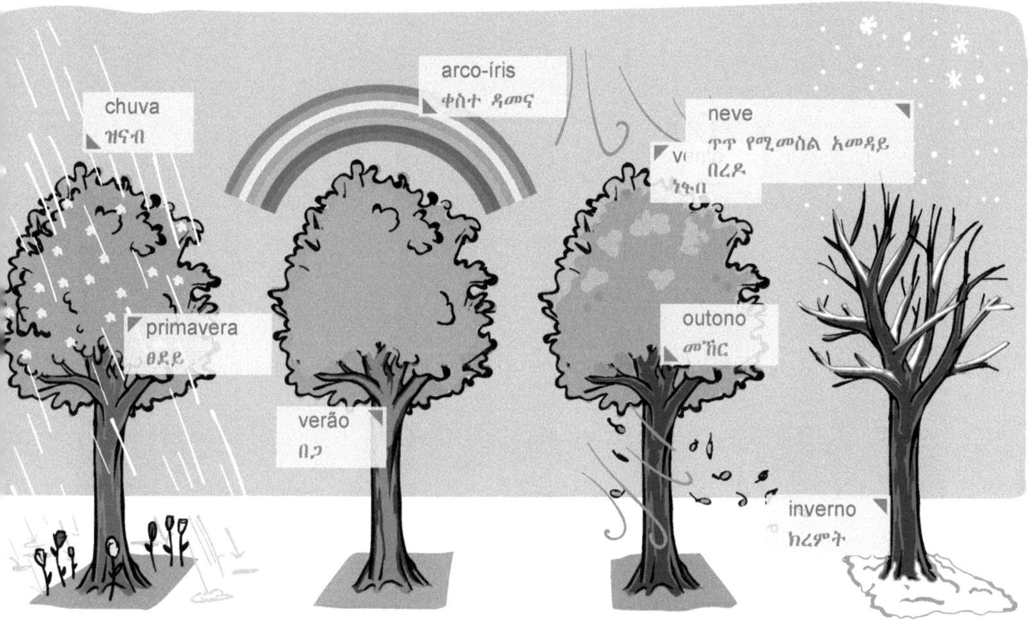

chuva
ዝናብ

arco-íris
ቀስተ ዳመና

neve
ጥጥ የሚመስል አመዳይ
በረዶ
ነፋብ

primavera
ፀደይ

verão
በጋ

outono
መኸር

inverno
ክረምት

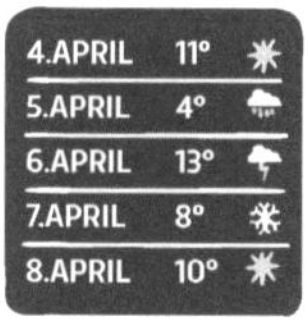

4.APRIL	11°
5.APRIL	4°
6.APRIL	13°
7.APRIL	8°
8.APRIL	10°

previsão do tempo
የአየር ሁኔታ ትንበያ

termômetro
የሙቀት መለኪያ

raio de sol
የፀሀይ ሙቀት

nuvem
ደመና

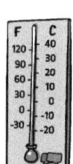

neblina / nevoeiro
ጭጋግ

umidade do ar
እርጥበታማነት

relâmpago

መብረቅ

trovão

ነጎድጓድ

tempestade

አዉሎ ንፋስ

granizo

የበረዶ ዝናብ

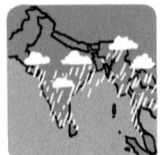

monção

አዉሎ ንፋስ

inundação

ጎርፍ

gelo

በረዶ

janeiro

ጥር

fevereiro

የካቲት

março

መጋቢት

abril

ሚያዚያ

maio

ግንቦት

junho

ሰኔ

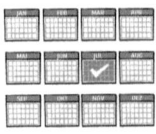

julho

ሐምሌ

agosto

ነሀሴ

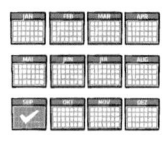

setembro

መስከረም

outubro

ቅምት

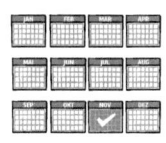

novembro

ህዳር

dezembro

ህሳስ

formas

ቅርፆች

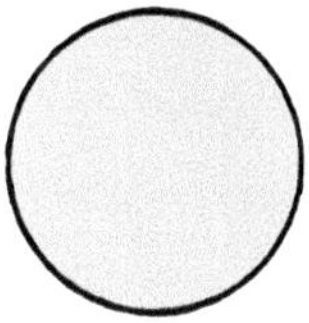

círculo

ክብ

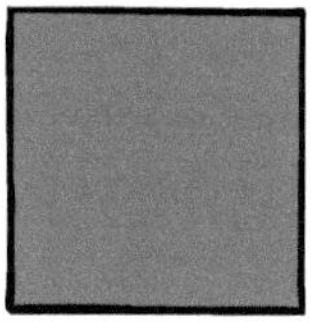

quadrado

አራት ማዕዘን

retângulo

አራት ቀ ተኛ ማዕዘኖች ጎኖች
ያሉት ቅርፅ

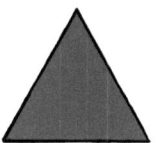

triângulo

ሶስት ማዕዘን

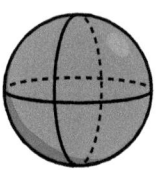

esfera

ሉል

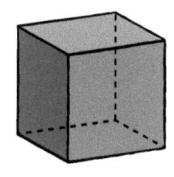

cubo

ስድስት ጎን ያለዉ ቅርፅ

cores

ቀለማት

branco

ነጭ

amarelo

ቢጫ

laranja

ብርቱካናማ

rosa

ሮዝ

vermelho

ቀይ

lilás

ወይን ጠጅ

azul

ሰማያዊ

verde

አረንጓዴ

marrom

ቡኒ

cinza

ግራጫ

preto

ጥቁር

opostos

ተቃራኒዎች

muito / pouco

ብዙ/ ጥቂት

furioso / tranquilo

ንዴት/ እርጋታ

lindo / feio

ቆንጆ/ አስቀያሚ

começo / fim

ጅማሬ/ ፍፃሜ

grande / pequeno

ትልቅ/ ትንሽ

claro / escuro

ደማቅ/ ደብዛዛ

irmão / irmã

ወንድም/ እህት

limpo / sujo

ንፁህ/ ቆሻሻ

completo / incompleto

የተሟላ/ ያልተሟላ

dia / noite

ቀን/ ምሽት

morto / vivo

የሞተ/ ህያዉ

largo / estreito

ሰፊ/ ጠባብ

comestível / não comestível

የሚበላ/ የማይበላ

mau / gentil

ክፉ/ ደግ

entusiasmado / entediado

ደስተኛ/ ድብርተኛ

gordo / magro

ወፍራም/ ቀጭን

primeiro / último

መጀመርያ/ መጨረሻ

amigo / inimigo

ጓደኛ/ ጠላት

cheio / vazio

ሙሉ/ ጎዶሎ

duro / macio

ጠንካራ/ ለስላሳ

pesado / leve

ከባድ/ ቀላል

fome / sede

ረሃብ/ ጥማት

doente / saudável

ህመም/ ጤንነት

ilegal / legal

ህገወጥ/ ህጋዊ

inteligente / idiota

ጎበዝ/ ደደብ

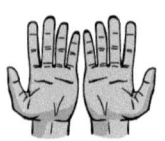

esquerda / direita

ግራ/ ቀኝ

perto / longe

ቅርብ/ ሩቅ

novo / usado

....

አዲስ/ አሮጌ

nada / alguma coisa

....

ምንም/ የሆነ ነገር

velho / jovem

....

ሽማግሌ/ ወጣት

ligado / desligado

....

የበራ/ የጠፋ

aberto / fechado

....

ክፍት/ ዝግ

baixo / alto

....

ፀጥታ/ ጫጫታ

rico / pobre

....

ሃብታም/ ደሃ

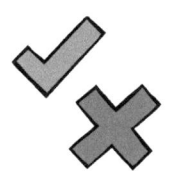

certo / errado

....

ትክክለኛ/ የተሳሳተ

áspero / liso

....

ሻካራ/ ለስላሳ

triste / feliz

....

ሐዘን/ ደስታ

curto / longo

....

አጭር/ ረዥም

lento / rápido

....

ዝግተኛ/ ፈጣን

molhado / seco

....

እርጥብ/ ደረቅ

ameno / fresco

....

ሞቃት/ ቀዝቃዛ

guerra / paz

....

ጦርነት/ ሰላም

números

ቁጥሮች

0	1	2
zero	um	dois
ዜሮ	አንድ	ሁለት
3	4	5
três	quatro	cinco
ሶስት	አራት	አምስት
6	7	8
seis	sete	oito
ስድስት	ሰባት	ስምንት
9	10	11
nove	dez	onze
ዘጠኝ	አስር	አስራ አንድ

12

doze

አስራ ሁለት

13

treze

አስራ ሶስት

14

quatorze

አስራ አራት

15

quinze

አስራ አምስት

16

dezesseis

አስራ ስድስት

17

dezessete

አስራ ሰባት

18

dezoito

አስራ ስምንት

19

dezenove

አስራ ዘጠኝ

20

vinte

ሃያ

100

cem

መቶ

1.000

mil

ሺህ

1.000.000

milhão

ሚሊዮን

idiomas

ቋንቋዎች

inglês

እንግሊዝኛ

inglês americano

የአሜሪካ እንግሊዝኛ

chinês mandarim

የቻይና ማንዳሪን

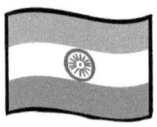

hindi

ሂንዱ

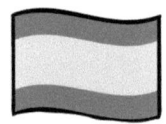

espanhol

ስፓኒሽ

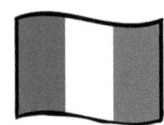

francês

ፍሬንች

árabe

አረብኛ

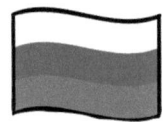

russo

ራሺያኛ

português

ፖርቹጊዝ

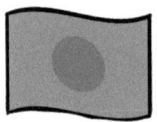

bengalês

ቤንጋሊ

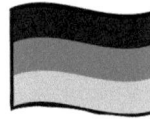

alemão

ጀርመን

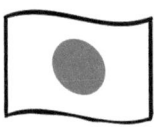

japonês

ጃፓንኛ

quem / o quê / como

ማን/ ምን/ እንዴት

eu

....

እኔ

você

....

አንተ

ele / ela

....

እሱ/ እርሷ/ እቃዉ

nós

....

እኛ

vocês

....

አንተ

eles / elas

....

እነርሱ

quem?

....

ማን?

O quê?

....

ምን?

como?

....

እንዴት?

onde?

....

የት?

Quando?

....

መቼ?

nome

....

ስም

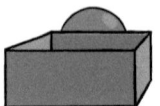

onde

ት

atrás

ስተጀርባ

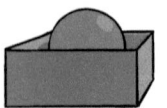

em

ስጥ

na frente de

ፊት ለፊት

sobre

ይ

em cima

ይ

debaixo

ስር

do lado

ጠገብ

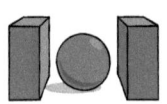

entre

መሃ ል

lugar

ቦታ